D1825548

Hwyl y Gwersyll

Heulwen Roberts

Cyhoeddwyd gan
Y Ganolfan Astudiaethau Addysg
Prifysgol Cymru Aberystwyth
Yr Hen Goleg
Aberystwyth

ISBN: 1 85644 734 0

Dyluniwyd gan Richard Huw Pritchard

Golygwyd gan Brenda Williams

Argraffwyd gan Wasg Gomer

Dymunir diolch i'r canlynol:

i Eleri Davies, Mavis Murray, Siân Hawkins ac Ann Humphreys am eu harweiniad gwerthfawr.
i'r ysgolion treialu:
Ysgol Bryn Gwalia, Ysgol Santes Gwladys, Ysgol Frongoch, Ysgol Comins Coch ac Ysgol Cynlais.

Diolch i'r canlynol am gael atgynhyrchu deunyddiau yn y llyfr hwn:

Gwaith celf:
Elwyn Ioan: cymeriadau cartŵn

Ffotograffau
Gwersyll yr Urdd, Llangrannog: tud. 3, 5, 6, 7, 8, 10, 12, 14, 16
Gwersyll yr Urdd, Glan-llyn: tud. 3, 5, 9, 11, 13, 15, 16

Ydych chi'n hoffi sgio a nofio?
Ydych chi'n mwynhau gyrru beic modur a marchogaeth?
Ydych chi'n dwli ar lafnrolio?

Dewch i Wersyll yr Urdd, Llangrannog!

Ydych chi'n hoffi canŵio a mynd ar gwrs antur?
Ydych chi'n mwynhau bowlio deg a dringo?
Ydych chi'n dwli ar nofio?

Dewch i Wersyll yr Urdd, Glan-llyn!

gyrru beic modur   cwrs antur   dringo

marchogaeth   bowlio deg   llafnrolio

Dewch i gael hwyl a sbri
Ac amser da gyda ni!

Ble mae Llangrannog?

Mae Llangrannog ar lan y môr.
Mae Llangrannog rhwng Aberystwyth ac Aberteifi.

Gogledd

Gorllewin —|— Dwyrain

De

Ble mae Glan-llyn?

Mae Glan-llyn yn ymyl y Bala.
Mae Glan-llyn ar lan Llyn Tegid.

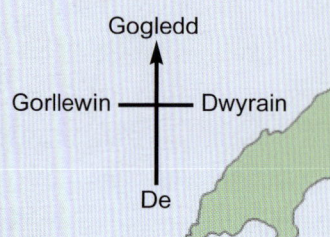

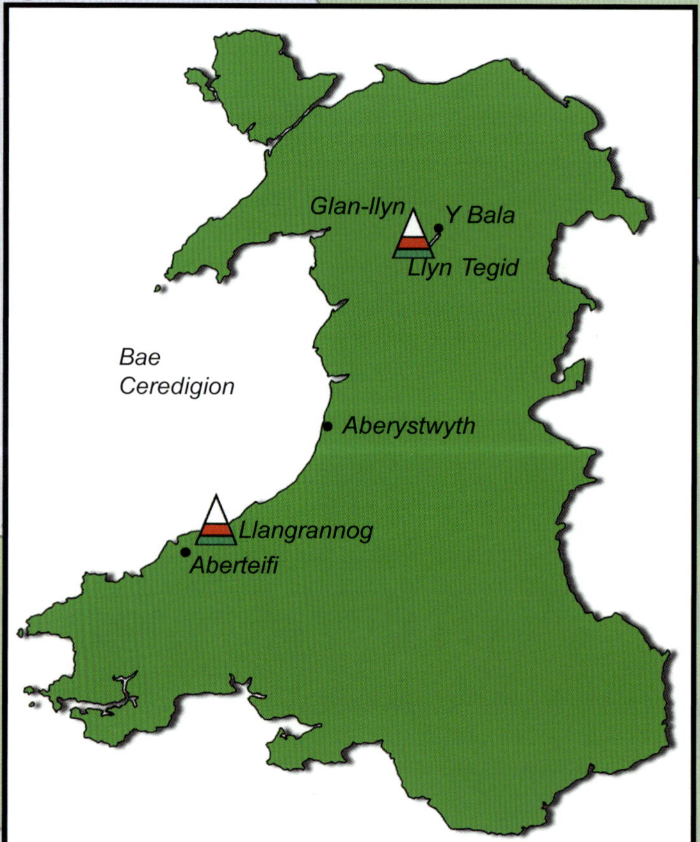

Glan-llyn Y Bala
Llyn Tegid

Bae
Ceredigion

• Aberystwyth

Llangrannog
• Aberteifi

Mae plant a phobl ifanc yn mwynhau gwyliau yng Ngwersyll yr Urdd.

Beth ydy'r Urdd?

Mudiad i blant a phobl ifanc dan 25 oed ydy'r Urdd, Urdd Gobaith Cymru.

Mae'r Urdd yn hwyl a sbri – chwaraeon o bob math, cystadlaethau yn yr Eisteddfod ... ac wrth gwrs, gwyliau gwych.

cystadlaethau – competitions   **mudiad** – movement

Beth sy yn Llangrannog?
Mae cwrs antur yn Llangrannog.

Mae cwrs antur yng Nglan-llyn hefyd.

Dyma'r cwrs antur. Mae rhisgl ar y llawr. Rhaid gwisgo helmed, trowsus hir a siwmper â llewys hir ar y cwrs antur.

Mae'r plant yn cerdded ar draws pont o raffau.
Maen nhw'n dal yn dynn yn y ddwy raff.

Mae'r plant yn gweithio mewn grwpiau ar y cwrs antur.

pont o raffau

llewys hir – long sleeves   **pont o raffau** – rope bridge
rhaff – rope   **rhisgl** – bark

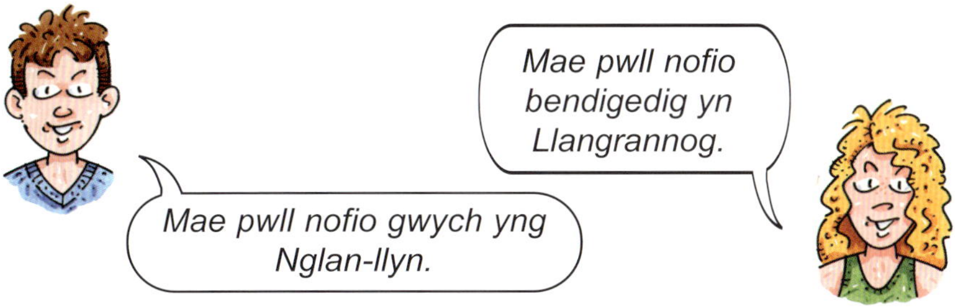

> Mae pwll nofio bendigedig yn Llangrannog.

> Mae pwll nofio gwych yng Nglan-llyn.

Dyma'r pwll nofio. Cyn mynd i mewn i'r pwll nofio, rhaid cerdded trwy'r bath traed. Mae'r dŵr yn oer yn y bath traed. Ond mae'r dŵr yn dwym yn y pwll nofio. Mae'r dŵr yn 31° C.

Mae gwarchodwr bywyd yn gofalu am y plant. Mae e'n gwylio'r bechgyn a'r merched yn y pwll nofio. "Dyma'r rheolau," meddai. "Dim rhedeg. Dim gwthio. Dim neidio i mewn i'r dŵr."

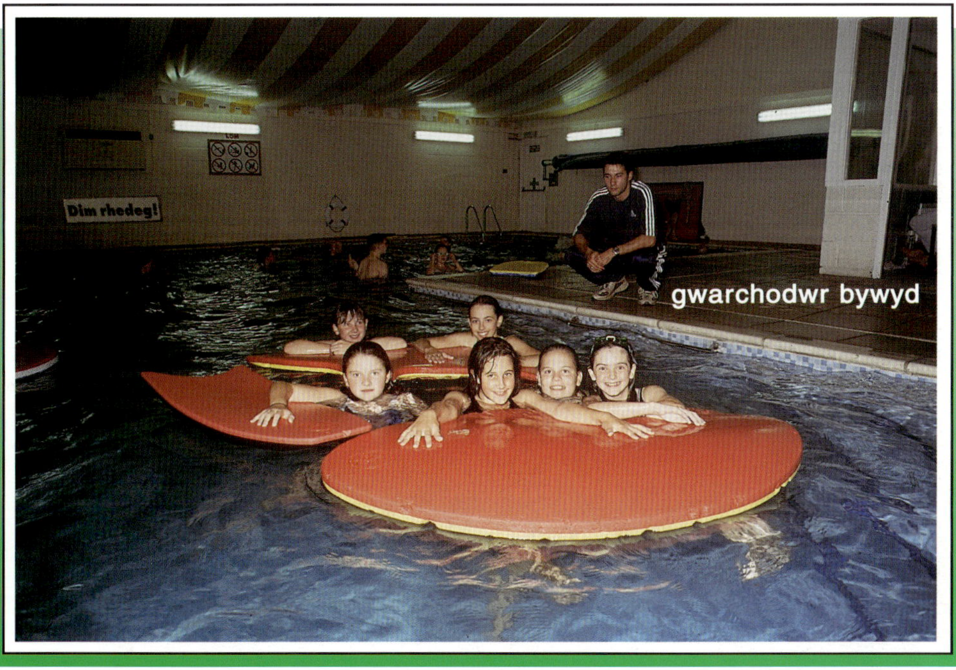

Mae'r plant yn mwynhau nofio. Weithiau maen nhw'n chwarae polo dŵr.

gwthio – to push

Mae neuadd llafnrolio gyda ni yn Llangrannog. Oes neuadd llafnrolio yng Nglan-llyn?

Oes, mae neuadd llafnrolio yng Nglan-llyn hefyd.

Dyma'r plant yn y neuadd llafnrolio. Maen nhw'n gwisgo esgidiau arbennig, esgidiau llafnrolio. Mae olwynion bach dan yr esgidiau. Rhaid gwisgo gwregys garddwrn hefyd.

I osgoi damwain, mae'r plant i gyd yn llafnrolio yn syth ymlaen.

"Gyda'r miwsig – un, dau, tri, bant â ni!"

Rhowch eich esgidiau llafnrolio nôl ar y silff

gwregys garddwrn

olwynion

Mae'r plant yn mwynhau llafnrolio i'r miwsig disgo.
Mae llafnrolio'n wych.

osgoi – to avoid

Mae neuadd chwaraeon fawr yng Nglan-llyn.
Oes neuadd chwaraeon yn Llangrannog?

Oes, mae neuadd chwaraeon yn Llangrannog hefyd.

Dyma'r plant yn y neuadd chwaraeon. Rhaid gwisgo treinyrs yn y neuadd chwaraeon. Mae'r plant yn chwarae gêmau.

Ar ôl defnyddio'r offer, rhaid tacluso'r neuadd.
Rhaid cadw'r offer yn daclus yn y stordy.

offer – equipment   **taclus** – tidy
tacluso – to tidy up

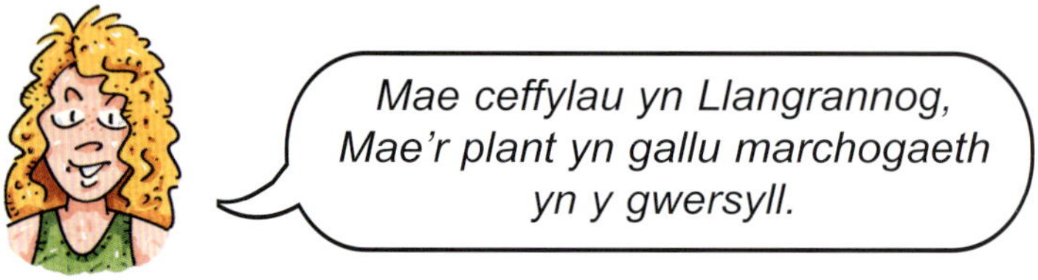

Dyma'r Sgubor Fawr.
Mae'r bechgyn a'r merched yn gwisgo hetiau arbennig.
Rhaid gwisgo het galed i fynd ar gefn ceffyl.

Mae'r plant yn dysgu sut i farchogaeth.

Ar ôl dysgu sut i farchogaeth, mae'r plant yn mynd am dro ar gefn y ceffylau. Mae trac arbennig o gwmpas y gwersyll.
Maen nhw'n gweithio mewn grwpiau o ddau. Mae un plentyn yn cerdded ar y chwith o flaen y ceffyl. Mae'r plentyn arall ar gefn y ceffyl.

Yng Nglan-llyn, mae'r plant yn gallu canŵio.

Dyma'r canŵs ar y llyn.
Rhaid gwisgo siaced achub a helmed i fynd mewn canŵ.
Mae'r plant yn defnyddio padl i symud trwy'r dŵr.

Cyn mynd ar y llyn, mae'r plant yn dysgu sut i ddod allan o'r canŵ mewn damwain.
Mae cwch achub ar y llyn hefyd. Mae'r cwch achub yn helpu'r plant mewn damwain.

cwch achub – rescue boat   **siaced achub** – lifejacket

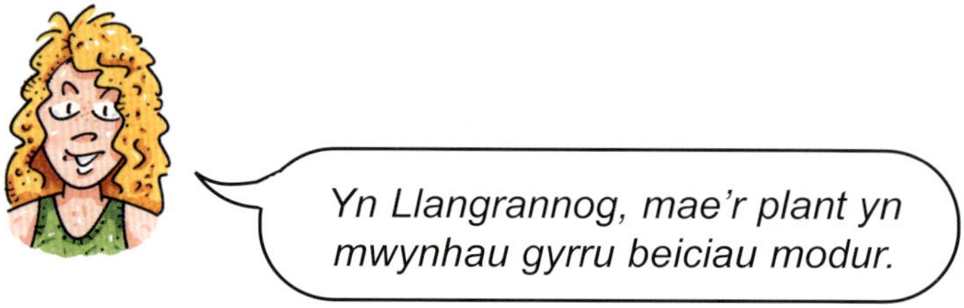

Yn Llangrannog, mae'r plant yn mwynhau gyrru beiciau modur.

Dyma'r trac beiciau modur. I fynd ar y beiciau, mae'r plant yn gwisgo helmedau. Rhaid gwisgo trowsus hir a siwmper â llewys hir hefyd. Rhaid gyrru'r beiciau ar y trac.

hen deiars

Mae beiciau modur 50cc a 80cc yn Llangrannog.
Mae'r beiciau'n mynd yn gyflym o gwmpas y trac.
Mae'r plant yn mwynhau gyrru'r beiciau yn gyflym.

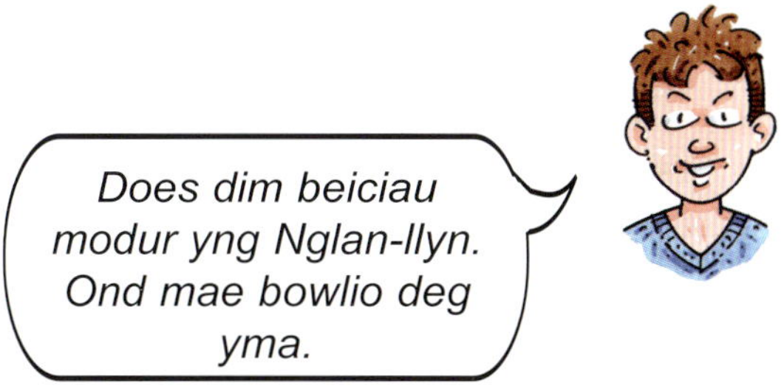

Does dim beiciau modur yng Nglan-llyn. Ond mae bowlio deg yma.

Dyma'r ganolfan bowlio deg. Mae pedair llain hir yn y neuadd. Ar waelod pob llain, mae deg sgitl. Rhaid taro'r deg sgitl gyda'r bêl fawr. Mae'r bêl yn drwm.

Mae pob chwaraewr yn cael rowlio'r bêl ddwy waith.

canolfan – centre   **llain –** alley

Does dim bowlio deg yn Llangrannog. Ond mae llethr sgio yma.

Dyma'r llethr sgio.

Mae'r plant yn gwisgo trowsus hir, siwmper â llewys hir a menig. Rhaid gwisgo menig ar y llethr.

Mae'r plant yn dysgu sut i sgio.

Ar ôl dysgu sgio, mae'r plant yn mynd ar y lifft i fyny'r llethr. Maen nhw'n sgio i lawr y llethr sgio. Mae'r llethr yn llithrig iawn achos bod dŵr ar y llethr.

Mae 100 metr o ben y llethr sgio i'r gwaelod.

llethr – slope   **llithrig** – slippery

Dyma'r wal ddringo. Rhaid gwisgo helmed a harnais i ddringo'r wal.

Mae'r hyfforddwr yn sefyll ar y gwaelod. Mae e'n gwylio'r dringwr yn ofalus.

Mae'r harnais yn cadw'r dringwr yn ddiogel.

diogel – safe
harnais – harness

gwaelod – bottom
hyfforddwr – instructor

Mae llawer o bethau eraill i wneud yn Llangrannog a Glan-llyn.

Dyma rai:

Llangrannog

- gwibgartio
- gêmau parasiwt
- nofio yn y môr

Glan-llyn

- hwylio
- rafftio dŵr gwyn
- cysgu ar y bifi
- adeiladu rafft

Mae rhagor o wybodaeth am wersylloedd yr Urdd ar:
- Fideo'r Urdd, ar gael o Swyddfa'r Urdd, Ffordd Llanbadarn, Aberystwyth SY23 1EY   Ffôn: 01970 613100
- Gwefan yr Urdd, www.urdd.org
- Urdd Gobaith Cymru 75: CD-ROM y Dathlu, ar gael o Swyddfa'r Urdd.